رامي النَّمط، مواليد 1981، يحمل شهادة ماجستير التأهيل والتخصُّص في العلوم السكَّانية، وإجازة جامعية في الاقتصاد - إدارة الأعمال.

صَدَرَ له بداية منذ عام 2009 سبعة عشر مؤلَّفًا حول معنى الحياة الإنسانية في نظرة ما ورائية خاصَّة لهذا العالَم وصِلَته الخفيَّة مع غموض الكون الواسع.

والمؤلَّفات هي: أنا هنا والدُّنيا هناك، أسرار مِن الحياة، شيفرة السعادة، حرِّر عقلك، فن السَّيطرة على العالم، كاريزما الشخصية الإلهية، صُنِع في قلبي، وما، قمر عين، هيدروجين ملك، 2271 أين ستكون أنتَ، خُذني معك ما أروعك، أفيون عيون، خدعة الولادة والموت، النسخة الملائكية، قلب نظامي وقلب تهريب، والإصدار الأحدث "مقام عالٍ".

رامي النمط

مقام عالٍ

AUSTIN MACAULEY PUBLISHERS™
LONDON • CAMBRIDGE • NEW YORK • SHARJAH

الرقم الدولي الموحد للكتاب 9789948045663 (غلاف ورقي)
الرقم الدولي الموحد للكتاب 9789948045670 (كتاب إلكتروني)

رقم الطلب: MC-10-01-3043920
التصنيف العمري: +17

تم تصنيف وتحديد الفئة العمرية التي تلائم محتوى الكتب وفقًا لنظام التصنيف العمري الصادر عن المجلس الوطني للإعلام.

الطبعة الأولى: 2022
أوستن ماكولي للنشر م. م. ح
مدينة الشارقة للنشر
صندوق بريد [519201]
الشارقة، الإمارات العربية المتحدة
www.austinmacauley.ae
+971 655 95 202

قائمة المحتويات

مهما بلغَت كلماتُنا فإنَّها تبقى عاجزة

وإذا اكتملَ نقاءُ العيون تلاشَتِ الأوهامُ والظُّنون

يكفينا مِن تنوُّعِ الألوان طيفُ لونٍ أصيل

يكفينا مِن إغراءِ التَّكرار لحظةُ حبٍّ نبيل

يكفينا صدقُ ابتسامة في فوضى كلامٍ ثقيل

يكفينا ما في العيون شبعنا مِن الكلماتِ والتَّحليل

ماذا تنفع الكتابة إذا تاهَت بُوصلة الروح؟

وما فائدة الدَّواء إذا تاه عن العيون الدَّاء؟

وكيفَ يكون اللقاء والبقاء إذا لَم يكن فيه مِن الشَّقاء شِفاء؟

كلمة واحدة يمكنها أن تمنحك الحقيقة التي تبحث عنها إذا كانت سهمًا صائبًا.

لحظة واحدة يمكنها أن تخطفك إلى عالم الملكوت السرمديّ إذا ذاب فيها قلبك خالصًا.

نجمةُ كينا

الروح في الإنسان تبحث عن أمان.. الروح في نجمة بعيدة أمان.. في روح الطفولة رسالةٌ مِن عالم الأمان، والطُّفولةُ ليست فقط أول العمر.

كان طفلًا في الثالثة مِن عمره والدقيقة الثالثة بعد تمام الشهر الثالث، عندما ابتسم ابتسامته الأغرب وهو يسمع أهله يتحدَّثون عن الفضاء والنجوم والكواكب، وعن أسرار الحضارات القديمة وعلاقتها مع سكَّان المجرَّات البعيدة.

كانت ابتسامة مِن نوع غريب مدهش وكأنَّها مِن لغة ليس لها في قاموس ابتسامات الدنيا مِن ترجمة ممكنة!

مبتسمًا وكأنَّ في قلبه مِن الكلام ما يتجاوز دهشة أهله، بينما هو الوحيد في هذه الجلسة الذي لا يحاول أحدٌ أخذ رأيه أو توجيه الكلام إليه.

يبدو طفلًا على هامش وعي الكبار، وكم تخذل لعبة الوعي أصحابها وتحرمهم قوانين الوعي التقليدية مِن ذكاء الوعي الكوني المنتشر في كلِّ زمان ومكان وكلِّ حالة أو مرحلة عمريَّة للإنسان.

فيما يبدو للجميع كان طفلًا عاديًّا، وربَّما كان ضعيفًا في مهارات التواصل البشرية البدائية عند الأطفال، ولكن كان ملِكًا في إيحاء عيونه وابتسامته وكأنَّه لا يتقن شيئًا كما يتقن نظرة العيون وسِحر الابتسامة، وكأنَّه مخلوق في هذه الدنيا ليقولَ كلَّ شيء في نظرة وابتسامة.

كلماته قليلة جدًّا، وحركة عيونه أقلُّ وكأنَّها مهاجرةٌ تنظر إلى عالَم آخَر غير الذي تراه العيون، ولا شيء هنا يلفت انتباهه!

أيامه بين الاستيقاظ والنوم كانت تبدو عادية لكلِّ مَن يعرفه، والسبب الوحيد هو عدم قدرتهم على فَهم روحه الكامنة، وذلك لأنَّ أيامهم هي التي كانت في الحقيقة عادية باردة، ولكنَّ ومضة حكايته تُولدُ في خفايا الليل.

وبينما كان ينام كان يتحرَّر مِن قيود جسده وطفولته البشرية ليَعود إلى طفولته الملكوتية الممتلِئة بالحقيقة والأمان بلا إرادة منه أو استئذان، ودون أن يكون محجوزًا في مكان وزمان.

كان في الحقيقة يستيقظ عندما ينام يقظة مِن نوع ملائكي مختلف، ليعيش في عالم غريب عن عالم الأرض، عالم غريب لكنَّه أقرب مِن قريب، غريب في عيون الجسد، لكنَّه وطنٌ في عيون الروح التي تعكسها مرآة الكون النقيَّة الصافية.

عقله كان قطرة تندمج في بحر الوجود، وذاكرته كانت نقطة تستوعب ذاكرة الكون بلا حدود أو كثافة أو قيود، وكأنَّه أمام مِرآةٍ مِن نوع خاص يكفيك النَّظر إليها لترى كلَّ شيء، وكلَّ ما تريد، وكلَّ خفيٍّ عنك تحتاج إليه، وكلَّ خفيٍّ عنك لا يخطر في بالك.

وعند الاستيقاظ بِلُغة البشر والعودة إلى تفاصيل الحياة، كان يعود طفلًا بقيود الطفولة البشرية التقليدية ليتابع حكاية الإنسان المكرَّرة.

لَم يكُن ينسَى ما يرى ويعيش في عالمه اللطيف، لكنَّه كان يفقد القدرة على إخراج ما هو مكنون في روحه وفي قلبه العميق.. كان يفقدُ القدرة على الترجمة الواضحة بين العالمين، وكان يكتفي بنظرة لامعة كأنَّها شهابٌ بين النجوم اللطيفة، وابتسامة كأنَّها طيفٌ مِن أمان الزمان.

وفي تلك الليلة، ليلة اكتمال الشهر الثالث بَعد السنة الثالثة، وفي تمام الدقيقة الثالثة، سمع صوتًا يهمس في أذنه وهو يعود إلى الدنيا ليستيقظ:

يا صغيري.. أَتَعلم مِن أيّ عالمٍ أنتَ؟ أنتَ مِن حيث لا أنا ولا أنتَ، قلبك تمام، ويقينك ختام، وروحك عالية المقام.

عمرك في طفولتك البشرية سنوات قليلة، لكنَّ عمرك في عالمك الحقيقي هو مِن عمر نجمة بعيدة خفية ووحيدة اسمها (كينا)، تلك النجمة المولودة قبل ولادة الأرض والتي يعجز عن استيعاب حسابها كلُّ زمن كوكب الأرض والسِّنون الضوئية.

زمن طويل ممتدٌّ، لكنَّك تبقى فيه بكامل لطافتك وكأنَّه لا يعبر ولا يحمل تأثير الزمن الثقيل الموجود في عالم الزمان والمكان.

يا صغيري.. هذه الليلة ستكون الأخيرة، ومِن الآنَ ستعود في نومك إلى ما هو عليه كلُّ سكَّان الأرض إلى أن يكون لخالق الأكوان ترتيبُ قَدَرٍ وتَقديرٍ في قُدرتك وقَدرك.

ستعيش أيامك كأنَّ عطرًا كونيًّا يفوح مِن إيحاء عيونك، وموسيقى سماوية تعزفها أوتار قلبك.

ستتابع كأنَّ شيئًا لَم يكن في ظاهر الأمر، لكن في الحقيقة ستكون روح نجمتك البعيدة وذاكرتها معك في كلِّ لحظة

11

بطريقتها الخفية، ستكون قادرًا على استخدامها إلى مستوًى معيَّن، وقادرًا على الإحساس بجاذبيتها في قلبك إلى درجة كبيرة، وستترك لمستها ونكهتها في أسلوبك، وكلامك، وتفاصيلك، وعيونك، وملامحك، وكلِّ ما فيك، لكنَّ مساحة فراغ ستبقى موجودة بينك وبينها وأنت في جسد الإنسان الذي تستخدمه على الأرض.

شيء منكَ سيبقَى شِبه صامت غامض، لكنَّ روحك ستكون دائمًا وأبدًا في حالة مِن أرقى لغات الحياة، تشرح كلَّ شيء بلا شرح، وتختصر كلَّ التفاصيل بلا فوضى لمَن يتقن لغة الروح، أو يلامس شيئًا مِن معانيها.

سيعيش في قلبك الأمان.. أمان إنسان بلا توقيت زمان، ويعيش فيك شعورُ مَن استيقظَ ليجد نفسه إنسانًا على كوكب الأرض.. إنسانًا يحاصره جسدٌ يبدو أنَّه جسده، وفي ذاكرته الباقية أكثر مِن حدود زمان ومكان، وتفاصيل نجوم ونيازك وحقائق لا يستطيع بلوغ جمالها حتَّى عالَم الخيال.

في هذه اللحظة الأخيرة على حدود عودتك، سأقول لك قليلًا مِن الكلمات ستُحفَظ في ذاكرتك، فيها خميرة مِن روح النجوم البعيدة، ودليل روح خفيَّة على درب هذه الدنيا العنود.

كلمات مختبئة في قلبك، وربما تجد نفسك فجأة في يوم مِن أيام شبابك ممسكًا بالقلم لتبوح فيها.. ستكون هي هديَّتك إلى

نفسك.. إلى حياتك المحدودة.. إلى نقصك الباحث عن شيء مِن الكمال كما يحمل الزائر معه هديَّة لِمَن يحبُّ

ستكون كلماتك محاولة حبٍّ في حدود الألم المؤقَّت والأمل المؤقَّت.. هديَّة مِن القلب.

يا صغيري الحبيب.. إليك كلماتي:

عُيون

على عيونك.. في هذه الدنيا كان الله في عونك.. ميزان قلبك سَمَا، روحك وَمَا.. حياتك ستكون وُلد وعاش ومات ورمى.

والرمية مِن روح الرامي، فيها رغبةٌ ونيَّةٌ ومحاولةٌ وتقدير ولمسة ختام السامي، والذي في مكنونه خلاصة كلِّ المعاني والأسامي.

أنعِش عيونك.. غيِّر بوصلَتها.. هنا تكون البداية وشفرة كلِّ نهاية.

العيون يا صغيري ليست فقط تلك التي في وجهك، العيون روح رؤية ورؤيا في كلِّ خلية مِن جسدك، وكلُّ نقطة طيف في نفسك.. في إحساسك وشعورك وفِكرك، في كلِّ ذرَّةٍ أكسجين تسافر في جسدك، إنَّها صلةٌ وصل وصلاة، وبوصلة اتِّصال ووِصال مع مرايا الكون، ونوافذ تنفُّسٍ للإنسان مع هذا العالم، ونقاط ارتباط مع الخفيّ المكنون.. اللطيف الحنون.

يستطيع الجميع أن يعطي رأيه حول الشمس، ولكن من الذي يستطيع أن يكون مكانها؟!

كل إنسان يمكنه ملامسة الجمال وتفاصيله، ولكن مَن منهم يعيش حقيقة الجمال في تفاصيل حياته؟ ومَن يتحوَّل الجمال في أيامه إلى طريقة حياة ونكهة ذكرى سرمديَّة بعد الممات؟

كل العيون نوافذ مفتوحة على عالم واحد، ولكن كأنَّ البشر لكلِّ واحد منهم عالمه الخاصّ ومشاهدُه وألوانه ومعاييره المختلفة، وكأنَّ هذه العيون الصغيرة تمتلك قدرة خلق العوالم الكبيرة المتنوعة بلانهاية.

عيون متنوّعة متقلِّبة، لكنَّها في جوهر الحياة نقاط على دائرة مركزها مطمئن لا يدخل في متاهة الرؤية، مركزٌ هو عينٌ كونيةٌ أكثر مِن مطمئنة.

العيون لغة منفردة، نقطة وصل وصلاة بين جسد الإنسان وروحه.. بين أرضه وسمائه.. بين وضوحه وغموضه.. نقطة وصل وصلاة بين وجوده في جسد وبين بقايا الفضاء البعيد المرسومة في تفاصيل العيون.. كواكب سماوية لكنَّها مستقرَّة في جسد إنسان.

يتسابق الناس في وصف العيون والإحساس بها، لكنَّهم بعيدون جدًّا عن مكنون حقيقتها.

أن تتحدث عن شيء فهذا لا يعني بالضرورة أنَّك تعرفه، وأن تنجذب إلى شيء فهذا ليس إشارة إلى أنَّك تشبهه وتستطيع فهم ما فيه، وأن تلامس شيئًا بيدك فهذا لا يعني أنَّه أصبح تحت سيطرتك.

لغة العيون حروفها مِن ذبذبات أثيرية.. ذبذبات تصدر مِن العين لكنَّ العين في حالتها الطبيعية لا تراها وإنَّما تتفاعل معها دون إرادة واعية ومقصودة.

لغة العيون فيها تفاصيل تعجز عنها بُحُور الكلام بين هنا وهناك واتِّساع الماضي والحاضر والمستقبل.

لغة تقول أريد ولا أريد، وأهتمُّ ولا أهتمُّ بطريقتها الخاصة الغامضة أحيانًا والصريحة أحيانًا أخرى، فيها كلُّ تفاصيل الراحة وعدمها، والعادي والاستثنائي والمنفرد في عليائه.

فيها حروفٌ للشغف.. انجذابٌ.. ابتعادٌ.. تناغمٌ.. غرقٌ حتَّى النهاية، وذوبان بلا حدود.

كلمات العيون حين تبوح لا يمكن إزالتها ولو حتَّى ظاهريًّا، إنَّها تسير باتِّجاه واحد مستقيم بكلِّ ثقة ويقين وتصميم كأنَّها نهر متدفِّق نحو بَحر الخلاص.

وفي العيون جاذبية مِن نوع خاص يمكنها في لحظة عابرة أن تحرِّك التركيز والإحساس، وترفعه إلى أعلى سماء، أو أن ترميه في أدنى أرض، وأن تقلب مزاج الناس وتفيض بما كان في الكأس.

هي لغة لا تختلف بين زمان ومكان، شفرتها واحدة في كلِّ إنسان، حتَّى العيون العمياء فإنَّها دائمة التحدُّث بهذه اللغة ولو كانت عاجزة عن الرؤية بمفهوم البشر.

لغة تترجِم بصِدق أمين كاريزما النَّفس البشرية بكلِّ أطيافها.

عيون الجسد طريق إلى عين الضمير، وعين الضمير مفتاح دخول إلى عين الملكوت.

العيون حين تطمئن أهلٌ ووطنٌ وسلام.. سندُ أصحابها وبهجةٌ مفارقة للتفاصيل وإشاراتٌ لمن يراها.. العيون المطمئنة ترجمةٌ لِطَيفِ الملكوت، وقدسيَّة لا تموت.. العيون المشتاقة نوافذُ وآفاق، وشَوقُ كلِّ كوكبٍ صغير إلى فضاء حريَّته الأكبر، والعيون الأنيقة فيها اختصار كلِّ المعاني الرقيقة، والعيون الحالمة دنيا مِن الفرح تبحث عن مكان يحتوي روعتها، والعيون الغريبة نداء حنين إلى حقيقة مطمئنة، والعيون الساكنة إشارات إلى مشاعر عميقة، والعيون الواصلة ترى كلَّ شيء في صلاة لا تنقطع.

عيون الجسد ينتهي مَدَاها في السماء، ونوافذُ العالم الخارجي تنتهي في نافذة العيون، وفي كلِّ عين بشرية مبصرة أو

عمياء مِرآة كوكب وانعكاس حقيقة منشودة، ذلك الكوكب البعيد الذي يلاقي الأرض في عين إنسان يلاقيه في هذا العالم شديد الواقعية، ولكنَّه ظلال.. ظلالُنا في هذا العالم وكواكب وأكوان ليست بالحسبان.

يا صغيري.. السَّماء الأولى تراها العيون، والسَّماء الثانية تستشعرها القلوب والعقول، والسَّماء المفارقة تتجاوز المجرَّة وقوانين الزمان والمكان، ومِن نافذة المجرَّة التي تنطفئ فيها قوانين الزمان والمكان تتفتَّح عيون الفضاء الكونية، وترسم مشهدًا لهذا العالم غير مشهد السَّماء الأولى والثانية.

في كلِّ عين على وجه إنسان صورة مصغَّرة عن مجرَّة.. عن خفايا مشاعره وآماله بين آلامه.. عن الغامض المنفرد الذي اسمه القَدَر.

في كلِّ رمشةِ عينٍ خاطفة تغيير زمن بزمن آخَر.. الخروج مِن توقيت واستنساخ توقيت جديد متجدِّد.

عيشُ اللحظة الواحدة بأزمنة متعدِّدة تتيح الارتقاء بنسق وكبرياء ومتعة الشعور قلبًا وقالبًا كما يحدثُ في لحظة تغيير مزاج مِن روح ثقيلة إلى روح شفَّافة.. كما يحدثُ في لحظة انقلابٍ بين أمل وألم وضيق ثمَّ بهجة.. كما يحدثُ في ومضة استرخاء عميق في ذروة تعب.. كما يحدثُ في حلم إنسان أثناء النوم،

وعندما تنام عيون الشمس والقمر في حضن غير المتناهي الآمِن، إنَّه استنساخ شخصية الفضاء الواسعة في شخصية الإنسان الضيِّقة.

في كل سيالة عصبية مرايا مِن شعاع ضوء يعبر بين كوكب وكوكب، وفي كلِّ خليَّة تتمايل حياة ثمَّ تفنَى، ونجمة مضيئة تتلاشى في الفضاء وتحيا.

في كلِّ حكاية على الأرض تخاطرٌ غير مرئي مع حكاية في الفضاء ومع أصلها قبل الأرض والسَّماء، وفي كل إحساسٍ يسكن الإنسان طَيفٌ مِن إحساس يسكنُ السَّماء، وفي كل رؤية علياء إعادة توجيه للبوصلة البشرية مِن داخل الدائرة إلى محيطها وخارجها لتكتمل الرؤية والرؤيا.

هو ذلك البلوتوث الكوني الفائق، وكيف يمكنه الارتقاء وزيادة فعاليته وكفاءته التي يمتلكها الإنسان جسديًا ومعنويًا، والتي يمكنها إسقاط اللمسة السحريَّة على الحياة اليومية وتغيير معنى الممكن والمستحيل.

عند نافذة الفضاء – والفضاء ليس فقط فضاء السماء – تتغيَّر ملامح الدنيا، حدودها، وكبيرها وصغيرها، وسؤالها وجوابها. هي الأسئلة والأجوبة.. ليست أكثر مِن مسكِّنات ألم بنكهة إشارات تعجُّب واستفهام!

كثيرٌ مِن الأسئلة ليس صحيحًا، وليس كلُّ سؤالٍ يستحقُّ إجابة، وكثير مِن الأجوبة المعروفة ليست أكثر مِن ردود أفعال تائهة.

يا صغيري.. في أي مكان تسقط يمكنك أن ترتفع، ومِن أي نقطة تبدأ يمكنك أن تصل إذا تناغمَت تردُّدات شخصيَّتك مع مسارات الطبيعة النظيفة.

كلُّ الإمكانات مكنونة في قلب إعجاز جهاز الترجمة الموجود في كلِّ خلية مِن جسدك.

هي إمكانات تتجلَّى كيف يمكن أن تستخدم المكان دون أن تترك أثرًا ظاهرًا، وكيف تتجلَّى إمكانات التقنيات الإلكترونية في النَّسخ واللَّصق والقصّ والانتقال وغيرها باعتبارها ظلالًا حيَّة لطريقة الحياة المدهشة المعجزة في الاستمرارية، ولطريقة النَّفس البشرية في العمل.. ظلالٌ حقيقية لقدرة الإنسان على تحويل المستحيل إلى ممكن، وخلق الإبداع مِن الإلهام الأول الأصيل، والوصول إلى أماكن لا يعرفها وأزمنة لَم يختبرها، لتتحرَّك الجاذبية وتصيب رَميتها في قلب الرامي ومَن يرميه معه، هنا يكون البلوتوث الكوني في الذات البشرية ليس فقط تناغمًا مع الطبيعة والكون، بل إنَّه في نواته الأصيلة خلْق آفاقٍ واسعة، وتناغُم عميق، وبوصلة حياة صحيحة قادرة على الترجمة

الصادقة بلا تشويش لحقيقة الذاكرة الكونية أمام الثقب الأسود وخلفه، بوصلة تبادل لا تعترف بالترجمة التقليدية للأفكار والعواطف التي تختصر لا نهائية الكون بمقاييس مؤقتة، وإنما تمنح هذه المقاييس حقَّها وحقيقتها لتتَّسِع إلى مدى الحقيقة العظمى.. بوصلة ليس لها مواصفات محدَّدة، وإنَّما هي ارتقاء إنسانية كلِّ إنسان أينما وكيفما كان ويكون في نقطة مصداقيَّته ونقاء جاذبيَّته.

الجاذبية.. حين يقف الإنسان على بقعة تراب صغيرة مِن هذا الكوكب فإنَّ جسده هو بطاقة عمله المؤقَّتة والتي يتمُّ مِن خلالها تبادل البيانات الكونية الما ورائية بين وجوده المادِّي وارتباطه غير المادِّي مع شفرة النِّظام الأساسي لتشغيل هذه البطاقة الكونية.

في نظام المنبع الأول والإلهام الأصيل.. الإبداع النقي والخيال الملكي.. مساحات الحلم الجليل وخيارات الما وراء اللا محدودة.. والإيحاء سَيِّد السَّادة!

الجاذبيَّة.. لغة الشَّوق المتحرِّكة بين هنا وهناك، بين فقدان واشتياق وحنين، فجاذبيَّة.

مِن جاذبيَّة الأشياء الماديَّة والمغناطيسيَّة، مرورًا بجاذبيَّة الأفكار والعواطف، إلى الجاذبيَّة الكونيَّة ذات الكبرياء على

الكواكب والمجرَّات، وصولًا إلى الجاذبيَّة الكونية المركزيَّة التي تلتقي وتنطفئ كلُّ أشكال الجاذبيَّة الجزئيَّة فيها.. جاذبية الكون المركزية.. جاذبيَّة.. ومهما بلغَت كلماتنا فإنَّها أمامها تبقى عاجزة.

هذه الحياة تمضي إلى الأمام وإلى الوراء وفي كلِّ الاتِّجاهات وكأنَّ شيئًا لَم يكُن، وتبقَى قوَّتك يا صغيري في يقين رؤيتك.. في صفاء نظرتك، واتِّساع قلبك، وانحناء عقلك، وإيمان أُلمك في بحر حيرتك.

يا صغيري.. لكلِّ إنسان غفلة وصحوة، وفي كلِّ إنسان خيبة وفرحة، ونقطة السَّلام العميق هي تلك التي تمنح صاحبها خلاصة كلِّ غفلة وصحوة وكل خيبة وفرحة في حرية مِن لعبة هنا وهناك، وأنا وأنت، والأمل والألم.

في هذا العالم أنتَ ترى مِن الحقيقة ما يُسمَح لك برؤيته فقط، وأحيانًا ما تستطيع أنتَ رؤيته ضمن هذا المسموح!

وكلُّ لحظة تمضي فإنَّها تحمل معها فَرق توقيت شِبه دائم بينك وبين كلِّ ما هو حولك، بينك وبين الناس والأشياء، حتَّى بين أفكارك وعواطفك وتفاصيلك العميقة والسطحيَّة.

دهشة

"القادمون مِن السَّماء لا يفهمهم أهل الأرض".

يا صغيري.. الأيَّام تكرِّر نفسها بذكاء متجدِّد، والشَّمس تشرق وتغيب في عيون مداها محدَّد، والمطمئن في روحه حرٌّ مِن التجديد والتحديد.

عقارب الساعة تتسابق أمام العيون، وسيِّد الزمن لا يحتاج السباق ولا التنافس ولا الساعة.

الفرح ومضة عابرة، والحزن ومضة عابرة.

الظلام غريب مؤقَّت، والنُّور قريب مؤقَّت.

القوَّة متعة ماضية، والضَّعف ضيقة ماضية.

المعرفة وحدها ناقصة، والحبُّ وحده لا يكفي.

الألم سيِّد مؤقَّت، والأمل سيِّد مؤقَّت، وسَيِّدهم جميعًا له السِّيادة الدائمة.

جاذبيَّة الجسد بدايات جميلة ودوائر مغلَقة.

جاذبيَّة العقل إغراء فكرة وقوَّة على هوامش خطرة.

جاذبيَّة القلب حاجةٌ للأمان وتجارب مكرَّرة.

جاذبيَّة النَّفس نداء استقرار في زمن دوَّار.

جاذبيَّة الرُّوح حنين إلى ما كان قبل البداية.

صحوة الجسد حياة بعد شِبه موت.

صحوة العقل يقظة بعد وهمٍ وجهل.

صحوة القلب سكينة بعد عاصفة وغصَّة.

صحوة النَّفس سلام بعد حَيرة وفوضَى.

صحوة الرُّوح أمان واطمئنان.

جمال الجسد لطافةٌ وملامح أنيقة.

جمال العقل صفاء وقوة ونتائج دقيقة.

جمال القلب جاذبيَّة مِن نعمة رقيقة.

جمال النَّفس كاريزما مِن أثير رفيقة.

جمال الرُّوح إيحاء مِن كبرياء حقيقة.

ذكاء الجسد مهارة وقوَّة وتناغم.

ذكاء العقل قدرة وبديهة وسَهم صائب.

ذكاء القلب عاطفةٌ نبيلةٌ فخمة الملامح.

ذكاء النَّفس مقام عالٍ وأناقة خفيَّة.

ذكاء الروح حريَّة مِن الحريَّة.

زلزال الجسد بعثرة على أمل العودة.

زلزال العقل حيرة على أمل اختيار.

زلزال القلب أمواج على أمل ميناء.

زلزال النَّفس غربة على أمل وطن.

زلزال الرُّوح دواء كلِّ داء.

سماء الجسد عافية وخلايا مطمئنة.

سماء العقل هدوء ورؤية عميقة.

سماء القلب جنَّة إحساس غير ما اعتاده الناس.

سماء النفس نهاية شقاء وفسحة انتقاء.

سماء الروح سماء للسَّماء ومنتهَى الشِّفاء.

بركان الجسد وهمُ قوَّة فيه نداء لليقظة.

بركان العقل وهمُ معرفة فيه نداء للانتقاء.

بركان القلب وهمُ عاطفة فيه نداء للتخلِّي.

بركان النَّفس وهمُ انتماء فيه نداء للتروِّي.

بركان الرُّوح حقيقة وحقٌّ.

طُوفان الجسد ولادةٌ جديدة وشهيقُ أمل.

طُوفان العقل أرضٌ جديدة ونقاهةُ فكرة.

طُوفان القلب سماءٌ جديدة وصفاءُ إحساس.

طُوفان النَّفس حياةٌ جديدة وآفاقٌ مرموقة.

طُوفان الرُّوح قيامةٌ وختام.

يا صغيري.. عيونٌ في هذا الجسد لكنَّها في مدى الكون مهاجرة.

قلبٌ مهاجر على خُطَى الرُّوح والجسد على فرق توقيت لشفاء جرح مفتوح.

وقطرة دمٍ أخيرة في القلب توءم روحها نجمةٌ عند آخِر سَنة ضوئية.

يا صغيري.. الرُّوح هي السِّر والبركة فوق القوة والمعرفة والمقاييس الجامدة.

في لحظة ستترك كلَّ ما عرفتَه في دنيا البشر، وتعود معي إلى نجمتك البعيدة.

عندما يضيق صدرك مِن هذا العالم ولا تجد أنفاسك منفذًا للعبور، افتح قلبك مع الوما، وتحرَّر مِن تفاصيل الإنسان.

اترك نفسك على ضِفاف الأشياء والأشخاص، وتناغم مع الرُّوح بلا جروح، وقُل في قلبك: يا خالق، ساعِدني أن أرى بعيون أوسع، امنحني فيض عيونك، ورحمة قدرتك، وسلام يقينك، وسكينة حكمتك، امئح قلبي على ظلال الدقيقة أن يرى ومضة مِن الحقيقة.

يا صغيري الحبيب..

- في كلِّ عاطفة احتمال زهرة واحتمال عاصفة!

- القلبُ وحده لا يكفي للحبِّ، والقربُ وحده لا يكفي لمَن ارتقَى بروح الحبِّ، والوقتُ بكلِّ ما فيه أقصر مِن مسافة عاطفة صادقة تنبع مِن قلب إنسان.

- لكلِّ عاطفة تاريخ صلاحية تتغيَّر بعدَها إلَّا ما كان منها بروحٍ بلا زمان وبلا مكان.

- لن يسقط إلا ما كان ساقطًا منذ البداية، كلُّ الحكاية فَرق توقيت بين ما تراه وتعرفه وبين كشف الحقيقة.

- أن تكون قادرًا على الصمت وأنتَ مشتاقٌ للكلام، وأن تكون قادرًا على الكلام وأنتَ مشتاقٌ للصَّمت.

- غالبية الناس مثل النواس، حركتهم وتغيُّرهم مسألة وقت ليس أكثر ذهابًا وإيابًا.

- العشقُ في تفاصيل الأرض وحدها، وإن كان حقيقة فإنَّه سراب.

- إنَّ الحياة لا تعطي أجوبة شافية، وهنا مفتاح الجواب الشافي.

- ذَرَّة تراب منسيَّة تحت حجر عجوز في صحراء بعيدة لَم يصلها أحد، ليسَت أقَلَّ أهميَّة منكَ بالنِّسبة لمنبع هذا الوجود!

- الحقيقة لن تمنحك أمنيَّاتك، الحقيقة ستمنحك القدرة على السلام والسَّكينة وسط هذا العالم القلِق.

- عندما تبوح الكاريزما بمكنونها يسقط المنطق، وتتلاشى كلُّ محاولات الشَّرح والمعرفة والتفاصيل!

- لا تحتاج الحقيقة إلى دليل استخدام وشهادة منشأ، إنَّها ليسَت بضاعة حسب الطلب!

- في قلب القداسة صوتٌ للأنا البشرية المخنوقة.. صوت فيه كلُّ النِّهايات المغلقة والمفتوحة التي يعيشها الإنسان على أمل الأمان.

- حتَّى السِّهام التائهة لا تخطئ الهدف، والبذرة التي تموت تعيش في شكل آخَر للحياة، والتَّجربة الناقصة في قلبها جاذبية نهاية كاملة.

- في منطق الروح الإنسانية لا يوجد ما يسمَّى فرصة لن تتكرَّر، كلُّ شهيق يدخل الرئتَين يحمل في طياته مزيدًا مِن الأمل.

- أن تدخل بلدًا ويستقبلك أهله بالكلمات الجميلة والابتسامات العريضة، فهذا لا يعني بالضرورة أنَّهم طيِّبون.

- يعاني الإنسان أحيانًا لأنَّه يفكِّر، وأحيانًا لأنَّه لا يفكِّر.. يعاني أحيانًا لأنَّه ينسَى وأحيانًا لأنَّه لا ينسَى.. يعاني لأنَّ المعاناة قدَرٌ في وجوده، ويعاني لأنَّ المعاناة في نهايتها خَلاص.

- أن تبقى بعيدًا وقريبًا فلا أنتَ تدخل ولا أنتَ تخرج، هي أحجية غريبة معقَّدة، ولكنَّها لُبُّ التوازن في قلب الأرض.

- كثيرٌ مِمَّا يسمَّى تطوُّرًا ليس سِوَى تلوينٍ للتخلُّف، وكثيرٌ مِمَّا تعتقده تقدُّمًا في حياتك ليس في حقيقته سِوَى تكرار المكرَّر بثياب جديدة وتصاميم جديدة كلُّ فائدتها أنَّها تعيدك إلى حيث كنتَ تبدأ.. لا شيء أكثر!

عليك تقبُّل الحقيقة كما هي، إذا كان لك الخيار أصلًا في التقبُّل أو عدمه؛ لأنَّها الحقيقة سَواء عرفتَها أم لَم تعرفها. يا صغيري.. كثيرة هي المعلومات والاحتمالات، وكثيرة هي الكلمات والأقوال والأحداث، ودوائر التفاصيل، ومواطن الجذب النفسي والفكري، وفي هذه الدوائر يحتار العقل أين يمضي، وكيف يستقرُّ، وأين يُودِع مفاتيحه!

تنظر إلى التاريخ فيغرقك بأحداثه ونتائجه وعِبَره التي لا تستطيع التأكُّد منها.. تبحث في السياسة فتجد نفسك مصارعًا للهواء.. تدخل مدن الفلسفة فتتيه في طُرقُها وحاراتها وأوهامها.

شائعات ومغريات ومعلومات تملأ كلَّ فراغ ممكن بين ذَرَّات الهواء التي تتنفَّسها.

كلُّ الكلمات نِسبيَّة، نِسبيَّة بكاتبها وزمانها ومكانها ومعناها وكلِّ ما يمكن أن تحمله ولا تحمله، ومهما بلغَتِ الكلمات مِن الصحَّة فإنَّها تبقَى نِسبيَّة.

يا صغيري.. ليسَتِ المعرفة أن تعرف أكثر، المعرفة نعمة، وفي الوقت نفسه فخٌّ وربَّما نقمة.

إنَّ المعرفة قدَرٌ في وجود الإنسان، وإنَّه يسعى إليها مع كلِّ ثانية تعبر عمره؛ لأنَّ استمراريَّة الحياة بحدِّ ذاتها هي عملية خلق متنوِّع للمعرفة بمختلف أشكالها ومستوياتها.

ولكن مع كلِّ ما قدَّمَته وتقدِّمه له المعرفة فإنَّ الوجود وبكلِّ مستوياته لا يزال غامضًا، ولَم تستطِع هذه المعرفة إجابة الأسئلة الرئيسة الكبرى التي يسعى إليها البشر!

مع كلِّ ما يراه ويكتبه ويتخيَّله.. مع كلِّ ما يعرفه فإنَّ المعرفة لَم تستطِع ملء الفراغ وإسكات الحيرة البشرية، وكلُّ المحاولات

منذ فجر التاريخ إلى اليوم لَم تنجح في الوصول إلى نقطة الخلاصة التي تزيل غموض وجودنا.

للمعرفة حدٌّ تقف عنده، والمعرفة التي يجمعها الإنسان اقتصرَت فائدتها على تنويع طرق الاستفادة مِن الموجودات، إنَّها تجعل الإنسان أكثر قدرة على تنويع فُرَص استفادته مِن الشيء الذي يعرفه، ولكنَّها ليسَت قادرة على فتح الحدود بين الإنسان وما حوله، وبين العقل وتطلُّعاته كما هو يتمنَّى، وتبقَى الخلاصة يا صغيري أنَّ المهم ليس فقط في أن تعرف.. المهم ماذا وكيف تعرف.

يا صغيري الحبيب..

- الضوء يجعل الأشياء أكثر وضوحًا للعين، لكنَّه لا يجعلها دائمًا أكثر وضوحًا للعقل، أو أقرب للحقيقة.

- العين وحدها لا تكفي للنَّظر.

- والأذن وحدها لا تكفي للسَّمع.

- واليَد في وحدتها لا تكفي للتَّواصل.

- والكلمة وحدها لا تكفي للكلام.

- والرغبة وحدها لا تكفي للمَشي على طريق جميل.

- بعض الكلمات تكفيك سنوات، وبعض الإشارات المفاجِئة تأتي كأنَّها تسمع صوت روحك.

إذا كنتَ تحاول فَهم هذه الحياة فلا تحاول كثيرًا، ولا تتوقَّف عند حدود الفَهم فقط، هناك ما يتجاوز حدود الفَهم.. نافذة أجمل وأعمق وأكثر رحمة بالإنسان.

لا تحاول وكأنَّه مفتاحك الوحيد.. كلُّ ما يمكن فهمه سيبقَى بقايا مِن ذكاء الكون العظيم!

جيِّد هو الفَهم وسَيِّد في توقيته الصحيح، لكنَّه مجرَّد وسيلة وبداية.

مع الحياة يكفيك منها محاولة الاكتشاف والمتعة والوَصف والدهشة، روح الاكتشاف تمنح المتعة.. تصلك مع جمال الكون وكبرياء الدهشة، حيث يتخلَّى عقلك عن أسئلته ليسكن مطمئنًّا في روح المتعة مِن عبور الحياة في جسد إنسان.

الفَهم لغة المحدود، ولا يمكن لساقية صغيرة أن تستوعب ماء المحيط العظيم.

يا صغيري.. ارفع عيونك مِن حدود الأرض إلى اتِّساع السَّماء، كم مرَّة في اليوم تنظر إلى السَّماء؟

كم مرَّة تقرِّر فيها أن ترفع رأسك مِن تفاصيل الأرض إلى لا نهائية السماء؟

بينما يمضي الإنسان عمره بين هموم الحياة اليومية وجزئيَّاتها الكبيرة والصغيرة التي تملأ فراغ أيامه المبعثَرة بين ساعاتها الأربع والعشرين، وبينما تركض أيامه ويركض هو خلفها في حدود الأرض فإنَّه كثيرًا ما ينسى إشارات السماء الحاضرة دائمًا وأبدًا.

ارفع عيونك.. السَّماء أقرب إلى قلبك ونبضك مِمَّا تعتقد، ارفع رأسك وانظر إلى السماء، ارفع روحك إلى الأفق، انظر إلى السماء ولا تخلق الأوهام بينك وبينها؛ فكلُّ ما في السَّماء مهما اتَّسَع فإنَّه يسكن في نقطة عميقة في قلبك الصغير الكبير.

أمان

في لحظة ميِّتة استطاع الحصانُ الأصيل أن يعبر المستنقع ويبلغ الأمان، كان في قمَّة تعبه، لكنّه كان أيضًا في قمَّة أصالته بأمان.

في الموت شيء منك يعود إلى الحياة، وفي حياتك شيء منك يدخل في سبات.

حياة الوردة.. ترجمتها في عطر يفارقها إلى حياة أخرى مختلفة.

وموت الوردة.. ترجمته في ذاكرة لا تفارق، تعيش في روح خلايا مَن يشمُّها أو يراها.

وأمان الوردة.. في نظرة عين تحبُّها، وجذر تحت التراب لا تغريه جوائز الاستحسان والتصوير.

حياة الشوق في عذابه، وموته في وصاله، وأمانه في تمام الاتصال.

حياة الريح في الأثر، وموتها في سكون وأثير، وأمانها عودة إلى نقطة بدايتها التي لا يدركها أحد خارج حدود التقدير والمصير.

يا صغيري.. الأشياء ليست فقط كما تراها، وليست كلُّ الأجساد التي تراها يسكنها البشر.

البعض يعيش حياته بين ولادة وموت في حدود بشريَّته فقط، والبعض يتجاوز هذا إلى آفاق أوسع وكأنَّ النَّفس البشرية صورة مصغَّرة عن آفاق الكون اللا متناهية، تتجلَّى فيه مِن الفضاء الأول في جسده المادي إلى فضاءات أوسع وفي المنزلة أرفع، فضاءات تتقلَّص معها مساحة الحيرة والتعب والجهل والألم، وتتفتَّح مسارات متجدِّدة للتَّواصل مع هذا الكون، آفاق مَن ارتقى وانتقى وبحنين روحه التقَى.

الروح في الإنسان تبحث عن أمان.. عن شفرة سكِّين كأنَّها مفقودة بين ولادة وموت، لكنَّها في نقطة خفية وبكلِّ يقين موجودة.

الروح في الإنسان تبحث عن أمان، والرُّوح في نجمة بعيدة أمان، والأمان في موطنه الأصيل لا يحتاج إشارة أو سعيًا أو بيانًا.

الناس تغريها الأفكار، ومَن يلامس لطافة النور الأسمى يتحرَّر مِن إغراء الفكرة، ويبقَ مسافرًا خارج إغراء العقل التقليدي.

الناس يبحثون عن حياة متجدِّدة أو معرفة جديدة، ومَن يستشعر النُور الأسمَى تتحوَّل كلُّ تفاصيل أيَّامه إلى بهجة ومعرفة سامية مطمئِنة ليكون غارقًا في بحر طمأنينته ويقينه كأنَّه على حدود نجمة في كون غريب.

كلماتُ الناس وكُتبهم تدور حول التفاصيل وخرائِطها، ومَنِ استقرَّت عيونه على رؤيا أنيقة فإنَّه لن يرضى بأقَلَّ مِن البحث عمَّا يتجاوز حدود حروف البشر المعروفة ما استطاع، لن يرضى بأقَلَّ مِن أمان بلا نهاية مع مصدر الكون الأصيل الخالق الجليل.

في عالَم النور الأسمَى دنيا الأمان وموطن انطفاء الأحزان، لا وجود للانتظار، لا حاجة للبحث عن الحقيقة؛ لأنَّ الحقيقة هناك طريقة حياة تعيشها ولا تفتقدها، وكيف يبحث عن النور مَن كان غارقًا فيه؟!

مساكين أهل الأرض، حتَّى أولئك الذي يعتقدون أنَّهم يسلكون طرق الروحانية والارتقاء والبحث عن الحقيقة، مختلفون في الظاهر، متشابهون في الجَوهر.

مهما حاولتَ ستغلبك حقيقتك، وإذا كنتَ في هذا العالم تعيش في شكل إنسان، فإنَّ ذكاء الروح التي فيك ستنتفض يومًا، وتنطق بما فيها مِن عالَم غير عالَم الإنسان، مِن عالَمها التي جاءت منه تزور هذا العالم، مِن عالَم الوفرة بلا ندرة، والقدرة

بلا عثرة، وفرة بمعنى الرِّضا وليس التعداد، وقدرة بمعنى الغِنَى وليس الاستعلاء.

ندرة.. وفي كلِّ شيء نادر إشارة إلى وفرة القادر.. ندرة.. وفيها جاذبية لإنعاش الحياة في كلِّ قطرة.

في الندرة تسكن روح الوفرة، وفي الوفرة خفايا ومفاتيح القدرة.

تأمَّل في روح الأشياء.. كُن عميقًا حتَّى النِّهاية في نقطة تجمع البساطة بالكبرياء والعمق مع الوضوح.

هناك حيث القدرة المنشودة تتحوَّل إلى حقيقة.. حقيقة كلِّ ما يتعبنا ونعجز عنه.. كلُّ ما يؤلمنا ونهرب منه.. كلُّ ما يبدو مستحيلًا ونتنازل عنه.

هناك حيث القدرة الشافية في أن تمتلك القدرة على الدخول والخروج مِن دائرة الألم وكأنَّه غرفة في بيتك مفتاحها في جيبك.

أن تكون حالة المرض التي تصيب جسدك نوعًا مِن إعادة خلق الحياة والموت بطريقة جديدة.

أن ترتقي مِن المتوقَّع إلى اللا متوقَّع، ومِن اللا متوقَّع إلى خارج حدود رقعة اللعبة المؤقَّتة، إلى حريَّة مِن فخّ الخدعة الكبرى.. خدعة الولادة والموت.

أن تكون الأضواء اللامعة في سماء الليل الصافية والتي يسمِّيها أهل الأرض بالنجوم، نقاطَ عبور وتواصل مع نوع آخَر مِن الوجود.

وكيف يمكن للقمر أن يكون في لحظة صفاء تامَّة مِرآة ترى مِن خلالها وجهك كما لَم تكن تتوقَّع.. أن تختفي وترى كلَّ شيء حولك ولا أحدَ يراك.

وفي النوم.. كيف يمكن أن يتحوَّل مِن غيبة مؤقَّتة إلى حالة مِن الانتقال إلى عالَم آخَر كلُّ مفاهيمه مختلفة؟ حيث حدود الجسد تزول فيه، وقوانين المكان والزمان في مساحة النِّسيان.

أن تتحوَّل كلُّ مفردات الحياة وتفاصيل الناس حولك إلى لغة واضحة مفهومة، وأن تدخل في روح الطاقة الأمِّ، تلك الطاقة التي تمنحك القدرة على الانتقال والتحوُّل في كلِّ أشكال الحياة.

في أن تختفي وتظهر في روح الضوء لفترة معيَّنة، وتعيش معه كيف يكون ويتحرَّك، وكيف تكون الحياة في عيون ضوء مسافر.. في أن تختفي لتتحوَّل إلى عطر أنيق مسافر.. في أن تختفي لتتحوَّل إلى معزوفة موسيقية.. في أن تختفي وتتحوَّل إلى قطرة دم تعيش حياتها في جسد عابر.. في أن ترى الحياة مِن وجوهها الحقيقية التي لا تعرف عنها شيئًا في عيونك البشرية.

تاريخ صلاحية البشر

حبَّة القمح كانت يومًا ما في سنبلة، ثمَّ أصبحَت طحينًا، ثمَّ تاهت تفاصيلها في رغيف خبز، ومِن بعدها في جسد إنسان، ومات الإنسان فكان ما بقي مِن روحها في تراب وإلى التراب.

وشعاع النور القادم مِن مكانٍ ما في هذا الكون عندما لامسَ ورقة خضراء واندمج شيء منه فيها، وكانت روحًا متجدِّدة إلى أن سقطَتِ الورقة ورحلَت روحها إلى ترتيب حياة جديدة.

والحضارات العظيمة التي عاشت يومًا، كانت وازدهرَت ثمَّ تخلخلَت وماتت وكأنَّ روح الحضارة تنتقل مِن مكان إلى آخَر، ومِن قارَّة إلى أخرى عبر الزمن، وتتقمَّص في أشكال متجدِّدة.

هي روح التقنية الحديثة، وفي أحد وجوهها عالم الإنترنت الذي ليس في حقيقته أكثر مِن صورة متجدِّدة للُغة الكون والطبيعة والنَّفس البشرية.

في حفظ الذاكرة ونقلها بين جهاز وجهاز، ومِن حالة إلى أخرى، وبين مستخدِم وآخَر.

روح تتبدَّل أشكالها بين زمان ومكان في كلِّ ما تراه العين وربَّما ما لا تراه، وتستمر روح الطاقة في الانتقال.

مِن زحمة النظريَّات عن الحقيقة والكلام عنها، وكأنَّ الحقيقة أصبحَت في اختناق، وتطالب البشر بالامتناع عن الحديث بِاسمِها!

مِن زحمة الحروف وأفكار البشر وعواطفهم تحت ستار الحقيقة، أصبح هذا الكوكب بحاجة إلى فترة نقاهة مِن البشر.

الجميع يتحدَّث عن الحقيقة، إنَّهم فقط يتحدَّثون.. عليك أن تدرك أنَّ الكلام عن الحقيقة شيء والحقيقة شيء آخَر يا صغيري!

كلُّ نظريَّات البشر تحتاج إعادة نظر.. كلُّ أسئلتهم تحتاج إعادة توجيه وضَبط البوصلة.. كلُّ أجوبتهم وما يعتقدون أنَّها خلاصة مجرَّد مسكِّنات ألم.

كلُّ أفكار الإنسان تحتاج إعادة تفكير مع مرور الزمن.. كلُّ أكيد يحتاج إلى تأكيد، وكلُّ بداية ليست أكثر مِن تكرار، وكلُّ نهاية في وجهها الخفيّ نوع مِن البداية، هي دائرة حيث البداية والنهاية مجرَّد نقاط متغيِّرة على محيط دائرة واحدة.

كلُّ القوانين المعروفة مسألة وقت وتتخلخل أركانها.. الاهتمامات والعواطف والقناعات وكلُّ ما سبق تبقَى في خلاصتها مسكِّنات ألم!

مفاتيح البشر في فَهم الحياة تحتاج المفتاح، والجدران التي حولَهم مجرَّد سراب أمام روح الكون الواسعة بلا جدران.

غير بوصلة عيونك يتغيَّر العالَم، ويتغيَّر ما كنتَ تعتقد أنَّه الحقيقة.

إصرارك على الدوران في دائرة مغلقة سيُبقيك في نتائج مغلقة وفي كلِّ ما مضى مِن تاريخ، فإنَّ الإنسان كان يدور على نفسه في نقطة ثابتة ناقصة، وكلُّ محاولاته لفَهم الحياة كانت فقاعات عابرة!

غيِّر بُوصلتك، وابحث عن لغة أوسع وأرقى لفَهم نفسك وحياتك.. عن لغة تتجاوز المحدود وتاريخ الصلاحية المسدود!

اللغة ليست فقط ما نقوله يا قلبي، اللغة ليست فقط ما يمكن فَهمه يا صغيري، اللغة دنيا ضمن دنيا، وربما دنيا تستوعب فقرًا ما يبدو في هذه الدنيا.

اللغة تَسري في كل نبضة إحساس، وتجري مع كلِّ قطرة في روح الدم.

اللغة بحر واسع مكنون في إحساس عين تريد أن تبكي ولا تستطيع.

اللغة صوتٌ مدفون في النَّفس يبحث عن خلاص مِن تفاصيل لا تشبهه.

اللغة مرايا لعالم لا نحتاج فيه ترتيب وتعقيد، عالم لا نحتاج فيه مسافة أمان لتواصل، ولا وجود لفرق توقيت قاتل.

كلُّ لغة تستخدمها في حياتك تبقَى محدودة، وهي ليست أكثر مِن بطاقة تعريف مؤقَّتة للانتقال إلى مستوى أعلى مِن اللغة والتواصل والتناغُم مِن لغة الكون الأُمِّ.

اللغة ليسَت فقط لغة الحروف، الحركة نوع مِن اللغة، والسُّكون نوع مِن اللغة، ولكلِّ شيء موجود لغته الخاصة التي يرسل مِن خلالها إشاراته، ويستقبل مِن خلالها إشارات الكون مِن حوله.

الحنين لغة تنادي بروح الزمان كما كان.. الانتظار لغة فيها روح الزمان كما تتمنَّى أن يكون، والأثير لغة فيها احتواء لغة الأثر وإشارات القدَر.

إشارات صغيرة بدايتها خجولة فقيرة، وصولًا إلى أن ترى في الإنسان شفرة أو بطاقة تعريف تختصر كلَّ الذاكرة الكونية المخزونة فيه، وأن يتحوَّل المستحيل إلى مجرَّد حالة بشرية مؤقَّتة.. حالة مؤقَّتة أمام روعة النسخة الملائكية لكلِّ روح هائمة، وتماهيًا إلى أبعد مدًى في ألوهية الكون المنفردة.

في طيف الأشياء المتجوّل حول البشر لغة لطيفة جذَّابة فيها شعور بالأمان مِن نوع خاص، بِغَضِّ النَّظر عن تفاصيل الإنسان وثِقَل المكان ولولبية الزمان.

في ارتقاء لغة تواصلك مع نفسك فإنَّك ترتقي لأن يكون وجودك في شخصيَّتك البشرية، وكأنَّه إبداعُ زمن خاصٍّ دقائقه وتكتيكه غير الزمن التقليدي.

القلب يا صغيري لغة مِن القلب وإليه.. في القلب وما عليه.. قلبٌ ينبض، وقلب يستكين، وقلبٌ ساكن، وقلبٌ يبحث عن قلبه.. قلبٌ مهاجر، وقلبٌ حائر، وقلبٌ سحره آسِر، وقلبٌ حنينه نادر، وقلبٌ سِرُّه ماكر، وقلبٌ دمعه غائر، وقلبٌ رقصه ثائر، وقلبٌ نبضه ماهر، وقلبٌ بيته عامر، وقلبٌ كلامه ساحر، وقلبٌ في نعيمه طائر، وقلبٌ مِن ذاته مغادر، وقلبٌ يبوح في الحناجر، وقلبٌ في أمان حتَّى الآخِر.. بدايةً مِن القلب السَّاكن في الجسد، وشكله الاستثنائي المثير للإعجاز والجاذبيَّة الغريبة، إلى سِرِّ نبضه عالي المقام وكأنَّه في مهمَّة نبيلة يحملها معه وينفِّذها بأمانة منقطعة النظير كوصيَّة شريفة مِن عالَم آخَر غير هذا العالَم.

لغة القلوب مفتاح الملكوت المستور، وسِرُّ النَّبض في القلب وفي قلب القلب.

القلب.. اسم بمضمون كبير واسع، أكبر بكثير مِن مجرَّد قلب ينبِض في الجسد.

لغة القلب حروفها ستة: حرفها الأول حياة جسد، وحرفها الثاني حياة روح، حرفها الثالث موت جسد، وحرفها الرابع موت إحساس، حرفها الخامس نكهة حلوة، وحرفها السادس نكهة مالحة.

لغة القلب لا تعرف الكذب، وإنَّما تتقلَّب في صِدقها بين حياة وموت، وإحساس أو سُبات، ونكهة متغيِّرة.

ولكلِّ قلب بصمته الخاصة التي لا يشبهه فيها أحد، وتبقى دائمة الصِّلة الكونية مع خالق كلِّ أحد.

في كل خلية في جسدك وحولك يا صغيري لغة.. لغة تحاول ترجمة شفرة الحياة الأولى.

لغة الخلايا.. نقاط الإرسال والاستقبال الكونية، وأجهزة الذكاء البديهي التي لا مثيلَ لها، والعقل الفِطري الذي لا يعرف الخطأ.

لغة الخلايا لا تخطئ حتَّى عندما يعتقد الإنسان بوجود خلل في عملها في المرض أو التَّعب، فإنَّ هذا الخلل مِن وجهة نظره فقط ومِن محدوديَّة قدرته على فَهم الحياة، ومِن توقُّعه الدائم

أنَّ الصواب هو فقط بوجه واحد مريح في المتعة أو الصحَّة أو غيرها.

للحياة لغتها ومفهومها الخاص للصواب والخطأ، والخلايا في الحقيقة تكون بحالة ترجمة أمينة للإشارات الجسدية والنفسية والكونية الموجودة، والتي توجِّهها إلى الصحة أو المرض.. الراحة والتعب، أو التَّناغم وعدمه وغير ذلك.

في كل خلية عالَم مِن الواقع والخيال، ومِن شدَّة خيالها تبدو أحيانًا في قمَّة الواقعية، إنَّه كبرياء الكون في دمج المتناهي مع اللا متناهي.. الموجب مع السالب.. البسيط مع المعقَّد.. وتبسيط الأضداد في نقطة لقاء رفيعة المستوى والكفاءة.

أسرار الخلايا في بقعة متناهية الصِّغَر، يسكن الكون كثير الصور.

لغة الخلايا.. تدفقُ الحياة الخفية في مسارات الحياة المرئية، وشفرة الفَهم المفقود للصحة والمرض، والمتعة والكآبة، الصَّفاء والتشويش.

إنَّها اللغة التي لا تتوقَّف عن التجدُّد والتعبير في كلِّ زمان ومكان، وكل شيء أو إنسان؛ لأنَّها بكلِّ بساطة نقطة انعكاس الروح في ثنائية الدنيا.

والطَّبيعة يا صغيري لغة أصيلة.. لغة الطبيعة وطبيعتنا الأصيلة الأصليَّة.. الطبيعة، الأُمُّ الواسعة والخليَّة الكبرى.. ملكة الكاريزما.. كيمياء الكون الأزلية والأبدية.. سيِّدة اللغات.. بمزاج حروفها وقدرتها على التأثير والتغيير بما يخطر على البال وما لا يمكن أن يخطر.

حروفها لا يمكن تحديدها، وكلُّ حرف تستخدمه الطبيعة يكفي في لحظته لأن يكون كلمة وجملة وربَّما حكاية.

غناء المطر.. سكون الشجر.. صوت خطوات بطيئة.. عنفوان زلزال خطير.. نسمة الهواء المنعشة حين تلامس وجهك في صيف ثقيل.. نسمة الهواء القاسية حين تلامس أصابعك في شتاء عنيد.

نداءُ الشمس في آخِر لحظات غروبها كأنَّها ترحلُ مطمئنةً إلى عالَم مِن النَّعيم.

رقصةُ الشمس في أول لحظات شروقها كأنَّها رقصة طفل بكل جماله البريء، إنَّها تلك الكلمة التي نسمعها في ألوان الربيع.. في كبرياء الخريف، وغموض الشتاء، وتحرُّر الصيف.

الطبيعةُ لا تكذب، إنَّها مِرآةٌ لا غبارَ عليها، زجاجها لا يمكن كسره، وصفاء ما فيها لا يمكن تلويثه ومسُّه.

الطبيعة حول الإنسان، والإنسان بنفس الوقت هو جزء مِن الطبيعة، إنَّه أحد حروفها الغريبة الغامضة.

في كلِّ كلمة تقولها الطبيعة دعوةٌ وفُسحةٌ لصفاء العقل وهدوء العاطفة، دعوةٌ للكبير أن يهتمَّ ببراءته، وللبعيد أن ينظر في اقترابه، دعوةٌ لكلِّ قطرة ماء أن تعود إلى ما قبل هطول المطر!

والعطر.. سلام على لغة العطر.. كيمياء الروح حين تبوح.. امتزاج الأثير مع الأثر، وصدى العالم اللطيف عندما يتجاوب مع نداء العالم الكثيف، وصوت الحنين مِن قلب النَّواة، كيف ينعش العيون دون أن تراه؟!

إذا لامس العطر خلايا إحساسك أغمِض عيونك وسافِر، وإذا تحدَّثَ العِطر إليك ضَع يدك على قلبك وتنفَّس بنكهة فريدة، واتركِ للعطر مساحة يرى فيها مِن خلالك بعيونه الأسطورية، وينبض داخلك بقلبه المنعِش.

العطر بصمةٌ طَيف جميلة، لكنَّنا نعيشها في الأرض.. العطر عينٌ مرهفة مترفة، ومزاج الإحساس النبيل الجليل الجميل الأصيل، حروفه مكتوبةٌ بماء سري على الهواء، ولكلِّ حرف منها سِحره الخاص.

لغة العطر تتقن اختيار التوقيت خلال النهار والتناغم مع لغة الطبيعة الأم، تتقن الامتزاج مع أشعَّة الشمس، أو ضباب

الشتاء، أو رائحة المطر، وتتقن التناغم مع لغة الخلايا في جسد الإنسان والتغيير بين مكان ومكان.

لغة العطر لا تعرف المجاملة، تلقائية مِن الولادة حتَّى التَّلاشي، وكأنَّ العطر في ذاكرته يحمل كلَّ تاريخ الأرض وتفاصيل المكان كأنَّه يستطيع حَمل الذِّكريات الدافئة واللحظات الباردة، وإعادة إنعاشها لحظة ينتشر فيها مع الهواء في الجسد.

هي لغة تفرض على الإنسان شروط قراءتها، وليس للإنسان مع روح العطر سِوَى متعة الإحساس، لكل تركيز بما فيه مِن جاذبية ومتعة وغموض وذوبان.

والموسيقى يا صغيري لغة بنكهة الهجرة.. موسيقى.. اهتزاز الرُّوح الذي يمنحنا حياتنا.. اهتزاز النَّبض في كلِّ ما يشغل أنفاسنا.. صوت الشهيق الخفي.. وصوت الزفير المهاجر.. لقاء النقطة مع النقطة، حيث تبوح النَّغمة بما فيها، ولحظة التقاء المستقيمَين المتوازيَين بإيقاع المفاجأة التي كانت مستحيلة.. أوتار الحياة الشفَّافة عندما تتجاوب مع زوايا الحياة المادِّيَّة، فتكون الخلاصة نغمة ورحلة ونعمة للنفوس الفرحة والحزينة.

في مكنون كلِّ إنسان موسيقى خاصة به، بعضها نشاز، وبعضها إعجاز، وبعضها أرق مزاج.

موسيقى تناجي الأذن مِن الخارج، وموسيقى يعزفها المكنون من الداخل، الموسيقى الأولى في الأذن مسموعة، والموسيقى الثانية في القلب مطبوعة، والموسيقى الثالثة في الروح مرفوعة.

موسيقى.. لغة تتداخل مع كلِّ اللغات.. في لغة العين موسيقى سماوية، وفي لغة القلب موسيقى عميقة، وفي لغة العِطر موسيقى شعورية، وفي لغة الخلايا موسيقى خفيَّة، وفي لغة الطبيعة موسيقى متكبِّرة.

في السُّكون موسيقى كونية، وفي كلِّ حرف وكلمة وكلِّ نغمة ومزاج وإعجاز، حتَّى الصمت الذي لا صوتَ فيه له موسيقاه الخاصة.

الموسيقى ليست فقط في الصوت وما يحتويه، الموسيقى في الصوت والصدى، في الأثر وغيابه، في الصوت وأصله ومكان ولادته.

لغة الموسيقى إيقاع الدنيا بنكهة الحياة السماوية، ورقصة الهواء الأنيقة التي تتحرَّك معها أوتار المشاعر وشوق الحناجر.

والموت.. لغة مِن عيار ثقيل ومزاج نبيل يفوق توقُّع الإنسان.

الموت ليس غريبًا، الحياة هي الغريبة.

لغة الموت هي مفتاح الوصل مع العالَم الآخَر.

لغة فيها وجهان، ولكلِّ وجه حرف واحد، وجهها الأول موت الجسد، وفيه حرف واحد فقط مكتوبٌ عند آخِر طريق الولادة.

في موت الجسد لغة مِن حرف وشِبه لحظة، لكنَّها تختصر كلَّ اللغات التي قبلها، وتفتح أبواب كلِّ اللغات التي بعدها.

والوجه الثاني هو شبيه الموت، لغة أيضًا مِن حرف واحد، لكنَّه دائم التكرار مع كل شهيق وزفير.. مع كلِّ نبض وسكون.. مع كلِّ نوم ويقظة.. مع كلِّ شكل للحياة.

بين كلمات ما تحت سقف الحياة وكلمات ما فوق السَّقف، بين ما تراه العيون وما تستشعره النفوس يتحرَّك الموت، ويختم بشمعه الخاصِّ كلَّ الحكايات التي تحدث على الأرض.

الموت.. أحد أكثر المظلومين في عقول البشر، عندما تخافه نفوسهم، فقط لأنَّه غريبٌ مِن وجهة نظر الحياة.

لغة الموت.. وهل هناك أصدق وأقوى وأقسى وأرحم منها لغة؟! لغةٌ كلُّ ما يمكن شرحه عنها هو أنَّ الموت هو الموت.. نقطة انتهى.

والوقت يا صغيري.. مِن كلِّ دقيقة تعيشها.. لغة الوقت تتحدَّث.. الدَّقائق تلاحق بعضها، والإنسان يلاحقها.. الأيام تكرِّر بعضها، والإنسان يكرِّر نفسه فيها.

في هذا العالم على كوكب الأرض.. للزَّمانِ كاريزما شديدة الاستثنائية يفرض مِن خلالها نفسه على الكائنات في الوقت والتوقيت، ويمنح في حضوره الواقعي غير الملموس كلَّ النتائج الملموسة، ويحمل في أسراره نوافذ عبور باتِّجاه العالم الشفَّاف الذي ينبع منه الزمان، ويتحوَّل إلى حقيقة أرضية.

لغة الوقت لا حروف فيها ولا إشارات، وإنَّما مساحات فارغة تبحث عن الفنَّان الذي يعرف استخدامها، عن الفنَّان الذي يتقن إحساس الوقت للارتقاء بسِحره في الدنيا وخارج الدنيا، ليرسم بألوان استثنائية معنى الإنجاز والإعجاز، ومعنى فتح النوافذ مع المكان ومَن يحتويه بلا مكان.

فنُّ الوقت، وفنُّ اقتناص اللحظة، فنُّ الارتقاء بتحويل الدقيقة إلى ساعة واللحظة إلى ما لا نهاية.. في سِرِّ الروح المثالية.

وهنا نقاط ارتباط ومفاتيح الفنِّ الخفي لمن تجذبه حياته إلى الارتقاء لأكثر مِن حياة.. لمن يهمُّه الأمر!

فنُّ استشعار اللحظات المهملة، تلك اللحظات التي تتكرَّر يوميًّا ولا ينتبه إليها أحد وكأنَّها هامشيَّة لا قيمةَ لها، لكنَّها في جوهرها تمتلك قيمة الوقت الأصيل بكلِّ قدراته ونوافذه السحريَّة.

وفنُّ إحياء اللحظات الميّتة والفاقدة للأمل، وتحويلها إلى حياة جديدة متجدِّدة بما لا يمكن توقُّعه.

وفنُّ الاستماع العميق، وذكاء الكلام بلا كلام، والصَّمت الذي يحقِّق التَّمام والانسجام، وتحويل كلِّ ثانية عابرة إلى موسيقى مسموعة بكلِّ تفاصيلها مع الناس والأشياء والطبيعة وأي شيء.

وفنُّ التخلِّي والاسترخاء، وفنُّ انتقاء عدم الفعل أحيانًا عندما تكون في ذروة حيرتك ماذا ستفعل!

هو في مساحات تنفُّس يوميَّة خفيفة تعيد تنظيف مسارات الإحساس في جسدك ونفسك، وتنعش الحنين في الزمان إلى روح الزمان.

في وقت يومي مخصَّص لـ "اللا شيء"، وقت يومي للانسحاب ولو جزئيًا مِن دوَّامة التفاصيل اليومية، السلبيَّة منها وحتَّى التي تعتقدها إيجابية.

في هذه الفسحة ضع كلَّ شيء جانبًا، وحاوِل فقط أن تكون ذلك الطفل الذي كُنتَه في الثالثة مِن عمرك.. ببساطة ليس أكثر، وإذا لم يكن هناك فسحة كاملة فلتكُن بالتنقيط على مدار اليوم، كلَّما سنحَت لك الفرصةُ اقتنِص دقيقة أو أكثر، واترِك الأشياء لأجل روحها الخفيَّة.

لغة الوقت في الفنِّ الفريد.. في تحويل الزمن إلى شاشة عرض أثيرية، والقدرة على التنقُّل ذهنيًّا وشعوريًّا بين خياراتها بكلِّ سلاسة وعبقرية.

منحة الخالق للمخلوق.. ورؤية المستور خلف حجاب الوقت المخادع المبتور.

وكلَّما اتَّسَعَت دائرة الروح فيك اقتربَت مِن لغة الوما:

اللغة الأسمى.. لغة (الوما) وروح الإيحاء.. لغة المقام العالي، والسِّرُّ الغالي، والصِّدق الأوَّل.

لغة الأمان مِن بلد الأمان، وثلج الحنين الذي يحرق قلب الإنسان.

الوما.. ليس فيه حروف، لكنَّه قمَّة التعبير.. ليس له أصوات لكنَّه أروع ما يمكن سماعه.

لغة.. هي روح كلِّ اللغات دائمًا وأبدًا، فإنَّ القمَّة تكون سيِّدة ما قبلها، وبنفس الوقت لا تشبه كلَّ ما قَبلها، وما يمكن للوما فِعله وقَوله لا يمكن لكلِّ لغات الحياة والموت فِعله أو قَوله.

الوما لا يحتاج الشرح أكثر؛ لأنَّ الكلام قليل وبخيل على سِرِّ الوَما.

وجهةُ نظر

يا صغيري..

- الخطر وجهة نظر!
- بعض أنواع المعرفة أكثر خطورة مِن الجهل.
- ابتسِم وترفَّع وارتفِع، هكذا يا قلب تتَّسِع.
- كلُّ رصاص العالم لا يمكنه تحريك جبل.
- وكلُّ السِّهام الصائبة لا يمكنها تغيير اتِّجاه ريح واثقة.
- التوفيق ليس له وصف دقيق، إنَّه التَّوفيق، وكفَى بِاسمه لصاحبه رفيقًا.
- عندما تضيع قيمة المفاهيم الأصيلة يزدهر سوق المفاهيم البديلة، الفقيرة منها والرَّخيصة والموهومة بنفسها.
- في حضور الطمأنينة الروحية، أنتَ لا تحتاج فقاعات الطاقة الإيجابية ومفاتيح التنمية والتطوير، وإذا

أصاب سهم البصيرة قلبك فأنتَ لن تسقط في إغراء جاذبيَّة الكتب والمعارف والكلمات، ومَن يدرك المعنى العميق لاحترام الذَّات ونعمة الحياة لن يتيه في أوهام تحقيق المعنى واحتمالات الربح والخسارة.

- الخسارة الوحيدة هي أن تؤمن بالخسارة.

- اليد التي تهدي أثمنُ مِن الهدية، واليد التي فيها هداية نعمة وكفاية.

- الفرح هو ابتسامة في القلب قبل أن يكون ضحكة على الوجه، فذلك هو الوفاء بالإحساس بعيدًا عن ألوان وتمثيل النَّاس.

- في مدى الروح كلُّ الاحتمالات أمان، نظرة وابتسامة تروي حكاية الأكوان.

- للحروف أوزان، وللمشاعر مساحات، ومِن كلِّ لحظة ممتلئة فراغات، والانتقاء بصفاء ونقاء فيه ذكاء وارتقاء وشفاء.

- أخطر وأقوى أنواع الموضة هي موضة الأفكار والحالات الشعورية!

- أحيانًا عليك التوقُّف قليلًا لكَي تستطيع التقدُّم كثيرًا، وبينما يتيه عقلك في متاهة الاحتمالات وما يجب فعله،

ربَّما يكون الحلُّ في عدم فِعل أي شيء، إنَّها مسألة يقين ورؤيا نظيفة.

- جاذبيَّة الروح النظيفة تكفي لإعادة ضبط إيقاع الحياة.. بلا مقدِّمات.. بلا كلمات.. بلا حَيرة الانتظار وعشوائيَّة الاحتمالات.

- ابتسامة فوق متاهة العتب، عين مغمضة عند الغضب، شهيقٌ أنيق عند التعب، صوت عميق فيه مِن روح الحياة أدب، نقاط مضيئة لكلِّ نفس تبحث عن أجوبة لأسئلة مجهولة السَّبب!

- بعض الناس وقتها ممتلئ، لكنَّ قلبها فراغ.

- وبعض الناس عيونها تبدو جميلة، لكنَّها وقت الحاجة بخيلة.

- بعض الوجوه غربيَّة الملامح، لكنَّها وطن.

- وبعض الأوجاع تفوق كلَّ ثَمن، لكنَّها في الختام سَكَن.

- لا تقِف كثيرًا عند أصحاب الكلام، ولا تكرِّر ما فارقَته الروح، واحفظ الوفاء في قلبك، لا تهمله إذا جاء التَّعب، وكُن على يقين مِن الرحمة الخفيَّة دائمة الحضور.

- نقطة صفاء تركيز تصل الذرة بالمجرَّة، ولحظة هدوء في ذروة احتراق فيها سلام ثلج وإنهاء فِراق.

- لا تحاول إقناع أحد، ولتكُن كفايتك في كونك مِرآة نقيَّة صافية تعكس ما استطاعت مِن ربِّ كلِّ أحد.

- لا تتحدَّث كثيرًا عن خطواتك، لا تحبس نفسك في ردود أفعالك وانتظار صدى كلامك!

- لا تجادلهم.. لا تنتظر منهم.. لا تتوقَّع، بل ركِّز وترفَّع.

- الكون في حالة لا تنتهي مِن الإنعاش والتجدُّد كلَّ لحظة.. مساحات الخلق بلا نهاية، وفَيضها يحيط بالإنسان كلَّ لحظة، هي طاقة الكون المتاحة المباحة.

- كلُّ الكلمات المكتوبة تبحث عن كلمة لا يمكن كتابتها.. عن وطن كلِّ الأسئلة والأجوبة، وعن دواء يلغي كلَّ المسكِّنات، ولمسة لا حاجةَ بعدها إلى اللمسات.

- مَن كانت الشمس في عيونه، لا تعرف أيَّامه الظلام.

- مَن كان بيته قرب نجمة لا تجذبه طموحات الأرض.

- مَن يمتلك قوانين اللعبة لا يلعب.

- مَن له سِرُّ الماء لا يعطش.

- مَن كانت عيونه جواهر كلُّ ياقوت العالم أمامها فقير، وليس أكثر مِن تكرار ومظاهر.

- والذي تَسري في دمائه كاريزما الخفيّ حياته مرايا الكون، وقلبه إكسير شفاء نقيّ.

- في الحقيقة.. كثير جدًّا ممَّا يحدث خلف الستارة يكون هو الأمام.

- الكلمات الجميلة ليست دائمًا صادقة.

- والأفكار المميَّزة ليست دائمًا صحيحة.

- الوجوه اللطيفة ليست دائمًا نظيفة.

- والروائح الجذَّابة ليست دائمًا أصيلة.

- الزَّوايا الهادئة ليسَت دائمًا آمِنة.

- والبيوت الفخمة ليست دائمًا مريحة.

- ما يبدو أمامك ليس دائمًا أمام.

- وما يبدو بعيدًا ليس بالضرورة بعيدًا!

- والعيون التي تعتقد نفسها ترى.. ليتَها في الحقيقة كما ترى!

- كلمات قليلة فيها نقاط ارتباط ثمينة لكلِّ نفس: (وضوح الاتِّجاه، صِفاء الرؤية، شفافيَّة الرؤيا، الإحساس بالواسع، قوَّة الإيحاء، القدرة على المزامنة مع توقيت الطبيعة ولغة الحياة، طمأنينة اليقين والثقة بالتوفيق، الإحساس برحمة الروح والاحتواء، تمامُ الحضور الذهني كلَّ لحظة، والحفاظ على الصفاء النفسي).

- يا صغيري.. لا الشهادات هي المفتاح، ولا الذكاء ولا القواعد والميزات، تفسير الحياة أوسع مِن كلِّ هذه الكلمات.

- إنَّه في قوة الكلمة مِن أين تنبع.

- في قوة النظرة أين روحها تلمع.

- في قوة الأشياء البسيطة.. مفتاح الأشياء العظيمة.

- أحوال الناس في الحياة مجرَّد دائرة يتناوبون على محيطها، ويكرِّرون ما كان.

- خبزُ الجِيَاع رغيف، وخبز الروح طيفٌ لطيف.

- هناك مَن لا يعترفُ لك بوجود الخبز معه!

- وهناك مَن يمنعُ الخبز عنك رغم معرفته بحاجتك!

- هناك دائمًا أكثر وأعمق ممَّا تراه العين!

- مِن ذكاء الشجرة جذورها المختبئة.

- ومِن ذكاء الشجرة أوراقها المتساقطة.

- ومِن ذكاء الشجرة نيران حطبها.

- ومِن ذكاء الشجرة سكينة ألوانها.

- ومِن ذكاء الشجرة احترامها لتُرابها.

- وفي قلب الاحترام فإنَّها ترتفع عاليًا فوق التراب؛ لكي تترجم احترامها في كيانها وحضورها وثمارها، لتعود

مسك ختامٍ إلى مَن احترمَته بصدق هادئ واثق، ولاهوت صامت ناطق.

- لا ينفعُ القلمُ الأزرق على الورقة الزرقاء.
- ولا ينفعُ السيف القاطع في شقِّ ريح هوجاء.
- وليس للشموع مكانٌ في حضور شمس علياء.
- هي الحياة في لغةٍ، وترجمتها في ألوانٍ ومفاتيحها.
- والحياة ليست أكثر مِن فقاعة صغيرة، خارجِها أكوانٌ وحياة، وأسرارٌ في الحضور عن الغياب وفي الغياب عن الحضور.
- مِن الذكاء الفائق أن تَحضِن نفسك بروحك، وأن تنظر باحترام إلى جرحك لكي تسارع في شفائه، وأن ترى على نهاية أصابعك بداية ذاتك.
- اليد الأصيلة تبقى أصيلة موصولة حتَّى لو قُطِعَت.
- والتخلِّي في لحظة يكون مِن أرفع مقامات القيمة، وكيف يكون لك أن تُفلت أصابعك عن شيء لكَي تُمسكَ ميزان ذاتك.
- الورقة التي تسقط عن الشجرة هي في الحقيقة تتابع حياتها بطريقة غير التي تتوقَّعها الشجرة!

- إنَّ الطريقة التي يخاطبك بها الكون مختلفة ومتفوِّقة تمامًا على الطريقة التي تتوقَّعها.

- مِن حيث يتمنَّى كلُّ إنسان إشراق الشمس عليه في لحظة ضِيق، فإنَّ الشمس الحقيقية لا تأتي فقط مِن الشرق.

- البصر، النَّظر، المشاهدة، البصيرة، الاستنارة، الإشراق، عندما يتَّسِع مدَى الرؤية فإنَّك تكتشف أنَّ كلَّ ما سبق ليس إلا مسكِّنات ألم بدائية أمام المفاجأة الاستثنائية.

- الطريق الذي تراه أمامك ليس أكثر مِن فقاعة لتمنحك الإشارة إلى طريقك الأكيد بلا مسافة.

- الحياة تحمل في قلب كلِّ لحظة مفاتيح المفاجأة.

- اللحظات الميِّتة ظاهريًا هي أبواب مفتوحة بين الإنسان وعالم الأحلام الممكنة والاحتمالات المذهلة.

- العيون الفقيرة تبحث فقط عن النور والنهار، والعيون الغنيَّة تدرك تمامًا معنى روح النور حتَّى في سَوَاد الليل، ومعنى السَّكِينة الروحية في الأبيض والأسوَد، ومعنى الواقع في خيال، والمتكرِّر في المُفاجئ، والعاجز في المعجزة دائمًا وأبدًا.

سَفَر

بعيدًا عن تفاصيل البشر.. القلب والروح في سَفَر.

بعيدًا عن الاحتمالات والظُّنون.. النَّفس تطمئنُّ في أمل مكنون.

بعيدًا عن خوف مِن انفصال أو فرح باتِّصال.. الإحساس يذوب في روح الوصال.

بين نبضة ونبضة في قلب حزين.. حكاياتٌ أغرب مِن حكايات كان يا ما كان!

في ومضة خاطفة بين نظرة ودمعة.. تسكن مشاعر بحجم سماء وأكثر.

وفي المسافة بين القلب والعين.. طريق أطول مِن كلِّ طرقات الكوكب، وفي الوقت ذاته أقصر مِن نقطة!

أسرعُ مخلوقٍ في العالم.. هي دمعةٌ لا تمهل صاحبها حتَّى فرصة الشعور بها، دمعة لا يكاد القلب يهتزُّ حتَّى تكون الدمعة

قد عبرَت وجه صاحبها بلا استئذان، وكأنَّها عبرَت بلا زمن، أو ربَّما كانت موصولة على نقطة التقاء بين زمنَين.. دمعة تسافر في سقوطها مِن قلب الإنسان إلى عينه إلى وجهه، وصولًا إلى آخِر سماء تسمع وجع الإنسان وحنينه.

أعمق مناجاة في العالم هي عين مغمضة مِن ذروة خيبة أو حزن أو تعب، وأعلى قمَّة في العالم تسكن في قلب مَن يسعى إليها أو يصلها.

أقرب نجمة إليك.. تضيء على بعد شهيق واحد مِن صدرك، وأسمى محبَّة في الحياة عطاء لا ينتظر رجاء.

المسافات تنحني ليقين القلب، والمقاييس تتلاشى في حضرة الروح، والصلاة في تناغم الإحساس تتحوَّل إلى أسلوب حياة وبلسم جروح.

يا صغيري الحبيب.. أغمض عيونك في سكينة سرمدية، وأنصِت إلى تلك النقطة الوحيدة التي سقطَت على وجه بحيرة في ليلة مذهلة السكون.

حرِّر نفسك مِن عين الإنسان، وتقمَّص روح عين الزمان.

يا صغيري.. كيف يمكن للكلمة أن تبوح بما يتجاوز حدود الموجود؟ وكيف يمكن لها أن تختصر ملل التكرار وأن تفتح نافذة تحرُّر مِن دائرة المتوقَّع المغلقة؟

ما الذي تستطيعه كلُّ كلمات الأرض سِوى أن تحرِّك حنين الإنسان إلى السماء وإنعاش الموجود على أمل موعود؟

الأمل.. إنّه كاريزما مِن نوع خاص، صلة وصل ليس مع روح الحياة الأصيلة.. صلاة لا تنقطع ولا تعترف بأسباب الحياة وتفاصيلها.

إنّه فطرة مِن نوع خاص كمَوج البحر تعلو وتهبط، وتعيش في الإنسان بين ولادته وموته، أو ربَّما كان مَن هو يعيش مِن خلالها.

الأمل يا صغيري لمن يشعر بحقيقته أسلوب حياة، روح في قلبك متناغمة مع حقيقة هذا العالم ومساره.

إنّه هبةٌ وموهبة، وقوة على الاستمرارية، يسكن في كلِّ ذرَّةٍ مِن جسم الإنسان، وفي كلِّ نَفسٍ يدخل وينتشر.

هو نفحة مِن روح الوجود الذي لا نستطيع نَفيَه ولا نستطيع إثباته، ورسالة سرية مِن جوهر الحياة النابض في أنفاسنا، رسالة سرية نحسُّها ونلمسها، ونتنفَّس رائحتها، ونترك تفسير طلاسمها للزمن.

إنّه حالة يقين بالخلاص والأمان لَم تكتمل على أرض الواقع وثنائية الحياة.. محاكاة للذَّات الإلهية مِن خلال النفس البشرية الباحثة عن وطنها.

في الأمل طاقة غريبة قادرة على صبغ الحياة بنكهة النشوة المنتظرة.. طاقة روحية كبيرة تتغلغل في جسم الإنسان، وتمنحه القدرة على المقاومة والاستمرارية في ظلِّ ما يعيشه مِن مشكلات وتحدِّيات.

في اللحظة التي تؤمن فيها بحقيقة الأمل فإنَّه يبدأ برسم خطوطه الأولى على لوحة حياتك.

إنَّ الغايات النبيلة المقام تتحقَّق بمجرَّد الإيمان بها؛ لأنَّها شبكة تغطية في كل مكان وزمان بانتظار مَن يُحسِن استقبالها بيَقين.

مع إتقان الأمل وتحوُّله إلى طريقة حياة.. تنمو مساحة أكبر مِن التوازن لخلايا الجسم البشري كونه يمثِّل صلة الوصل مع المستقبل الذي سنصله عاجلًا أم آجلًا، والذي هو في عين ترى مِن فضاء واسع قد وصلناه!

لا تنظر فقط إلى الأحداث مِن حولك، بل انظر إلى ذاتك تجدها في كلِّ لحظة تدعوك إلى خلق الأمل واستدعائه مِن مخزون المستقبل المختبِئ في قلب القلب.

مَن لا يؤمن لا يرتاح.

الأمل ثمرة مِن شجرة جذورها الإيمان.

إيمانك أينما اتَّجَه، فإنَّه سيحرِّك مِن بين تفاصيله الآمال المختلفة، ويمنحه القوة والبوصلة والتوازن الممكن.

يا صغيري.. الأمل ليس فقط ما كنتَ تسمع عنه، وليس فقط ما كنتَ تراه في حياة وعيون الناس، وليس فقط في الأشياء والمفاهيم التي يعتقد البشر أنَّها جميلة، الأمل عند البعض ضمن حدود الحياة، وعند غيرهم خارج كلِّ احتمالاتها ومقاييسها.

إشارات

إلى أي درجة ستكون مفاجأة الإنسان عندما يرى الصورة الحقيقية لوجوده هنا على هذه الكرة الصغيرة مِن الكون والتي اسمها الأرض؟

يا صغيري، إليك بعض الإشارات:

- إشارة في الصحراء، وإذا كُنتَ تشبه الصحراء فإنَّ الصحراء لا يقلقها الفراغ، ولا تشعر بالملل!
- وإذا كُنتَ تشبه المحيط فإنَّ المحيط واسع لا تكدر جبروته الحجارة، ولا يخاف مِن قوة البحارة.
- وإذا كُنتَ تشبه الشمس فإنَّ الشمس لا تخاف مِن النار، ولا تنتظر المطر.

- وإذا كُنتَ تشبه الثلج فإنَّ الثلج لا يخشى البرد، ولا يبحث عن سكَن.

- وإذا كُنتَ تشبه العطر فإنَّ العطر لا تغريه الكلمات، ولا يحتاج إلى إثبات الذات.

- وإذا كُنتَ تشبه الجوهرة فإنَّ الجوهرة لا تنتظر الميزان، وليس في صلاحيتها زمان.

- وإذا كُنتَ تشبه الكون العظيم فإنَّ الكون لا يضيق بازدحام الكواكب، ولا يخافُ مِن الثقوب السوداء.

- وإذا كُنتَ سكينة فأنتَ سكَن.

- وإذا كُنتَ طمأنينة فأنتَ وطن.

- إشارة في انعكاس شعاع شمس على عين نظيفة في جسد إنسان.. رسالة فيها ذاكرة الحياة والموت، وخميرة هذا الكون اللا نهائي، وكيف يمكن له تحريك الإحساس الذي يصل الإنسان المحدود بالحقيقة اللا محدودة.

- في شعاع عين نبيلة فائقة السموِّ، حين يلامس سطح الماء في المحيط، قدرة غريبة خفيَّة تَسري مِن شرايين الإنسان إلى شرايين المحيط العميقة وأعمق.

- في التقاء شعاع شمس مع شعاع عين، في قلب الصحراء مرة، ومرة قرب القمر.. تُروى حَكايا مِن ملكوت الخيال، حَكايا تفوق قدرة الواقع والمتوقَّع.

- ترتيب الأحداث الخفيَّة الغامضة في حياة كلِّ إنسان، والتي يكتشف صاحبها فجأة أنَّها لَم تكن صدفة، وأنَّ كلَّ شيء قريب أو بعيد يعود في ارتباطه إلى روح مركزيَّة منفردة.

- وجود الشمس والقمر في سماء الأرض، والخدعة الكبيرة التي اعتاد عليها البشر في ماهية الشمس والقمر، وكيف يمكن للمستقبل المرسوم في عيون الزمان أن يرسم المفاجأة في تفسير حقائق الكون ومقاييسه وطريقة تفكيره.

- الشعور بالمسافات المذهلة بين كوكب الأرض والنجوم المضيئة، وسر الوميض الخفيّ المتحرِّر مِن المسافة.

- إشارات عالم الأحلام وعجائب دنيا النوم، وتداخل العوالم بين الواقع والخيال بطريقة استثنائية، هي نوع مِن الرفاهية التي تمنحها الحياة للإنسان، وفي الوقت عينه تأكيد على الحقيقة السامية والمعنى الواسع لحياة

الجسد، فيما يتجاوز الولادة، والموت، والزمان، والمكان، وحدود المنطق وقوانين العلم التقليدية.

- في كلِّ عدد قيمة واقعية معروفة، هي ليست أكثر مِن ظلِّ القيمة الحقيقية والتي هي قيمة خفيَّة تمنح الواقعية قدرتها ومعانيها المؤقتة، وما هو في العدد ينطبق أيضًا على قوانين الطبيعة.

- في قوس قزح الطبيعي الذي يلوّن سماء الأرض إشارة إلى قوس قزح الروحي، والذي يعكس المعنى اللطيف للقدرة المتاحة في أن يعيش الإنسان أكثر مِن عالم في الوقت نفسه بينما هو غارق في حدود عالم واحد بقدرة وَعيه البشري!

- دنيا الألوان ومعانيها وكيفية ظهورها أمام العيون، وذرَّات الوميض المليئة بالأسرار فيها من هذا العالم إلى غير عالم، إشارات على مرايا العيون فيها نوافذ إلى السِّرِّ المكنون.

- إشارة اللون الأخضر في سنابل القمح، وكيف يتحول إلى الأصفر، وتناغم اللون الأحمر في كريات الدم مع الأبيض، والأزرق في السَّماء نهارًا كيف يترك مكانه ليلا للأسوَد.. وخفايا الألوان!

- تلك النبرة الخفيَّة التي لا يمكن تمييزها بالأذن مباشرة، لكنَّها تعيش وتترك الأثر في كلِّ صوت مسموع.. في صوت الإنسان.. في صوت الأشياء الساكنة.. في صوت أشعَّة الشمس التي تبدو صامتة.. في تراتيل الرِّيح كل لحظة، وحركة أوراق اللوز، وكل التقاء بين كائن وساكن ومتحرِّك وكل شيء، نبرة في رسائلها وإشاراتها جماليَّة الروح وفخامة الأمان السرمدي.

- في كل ولادة وموت.. وفي ولادة العبقرية والإلهام وتنوُّع الفروق بين البشر.

- في سِرِّ النكهة مع كلِّ مذاق.. كيف تُولد ومِن أين تأتي لتذهب في جسدك، وفي ذاكرة الطَّيف وجينات الإحساس وخصوصيَّته لكلِّ مَن يذوق ويتأثَّر!

- إشارة إلى رحمة الرزق وانفراد القدَر، في كلِّ نبات أخضر ينمو على حجر!

- في ذوبان جبل جليد في قلب القطب المتجمِّد، مِن أثر شعاع يزور الأرض مِن نجمة بعيدة غير الشمس!

- إشارة في فضاء واسع، وكواكب ونجوم، وأنواع وكائنات سماوية مرئيَّة وغير مرئيَّة.. أكثر غرابة مِن التشكيلات

الفضائية المعروفة، وما تزال محجوبة عن العيون مع أنَّها موجودة، وأحيانًا أكثر مِن قريبة.

ختام وتمام

مقام الروح عالٍ، وإيمانها غالٍ..

خفِّف عن عيونك وجفونك..

عن قلبك وظنونك..

عن توقُّعاتك وإحساسك..

خفِّف عن نفسك مِن البقايا

والتفاصيل في دنيا ثقيلة!

خفِّف وكُن في روح القوَّة الفائقة اللطيفة..

قوَّة التدفُّق في الماء، وقوَّة الإرادة في الزمن..

قوَّة الترفُّع في النجوم، وقوَّة الاتِّساع في المحيط..

قوَّة الثَّبات في الجبال، وقوَّة البساطة في السهول..

قوَّة السكون في الحجر، وقوَّة الصَّمت في الشجر..

قوَّة الفعل في العنكبوت، وقوَّة العزيمة في النمل..

قوَّة الحكمة في عطر عتيق، وقوَّة الثِّقة في حوت كبير..

قوَّة الخفيّ في ذرَّة أكسجين، وقوَّة الهدوء في فيل حزين..

قوَّة البراءة في ضحكة طفل

وقوَّة الأناقة في لحظة غروب

وقوَّة النسخة الأكمل مِن كلِّ النُّسَخ المؤقَّتة فيك.

المرآة الصافية يا صغيري فيها انعكاس الحقيقة بعطر الطيف الشريف، العطر المنبعث مِن قلب الكون وروحه الزكيَّة.

مرآة فيها حكاية إنسان يعيش ويموت ويُكشَف له بعدها حقيقة ما كان.

وعيونك مرايا تبوح بذلك المقام العالي والشَّرف السامي.

ستعيش حياتك يا صغيري في زمانٍ ومكان، وعيونك مرايا لِمَا يغمرك في طفولتك مِن قبل زمان ومكان وإنسان.

عيونك مرايا..

مرايا لكون بعيد خفيٍّ عن النظر..

عظيم القيمة والأثر..

فيه الحقيقة بالمختصَر..

وترتيب إيمان وقدر..

وقصة وردة وحجر..

وطيف كائنات وبشر..

ومعنى نبات وشجر..

وتفسير لغزٍ شمس وقمر..

ونهايات بصيرة وبصر..

ونغمة مِن روح وتر..

وراحة بعد سفر..

لك السلام..

ومقام الروح دائمًا وأبدًا في تمام..

نلتقي في العالَم الآخَر..

نقطة انتهى.

الإصدارات

14- خدعة الولادة والموت.

15- النسخة الملائكية.

16- قلب نظامي وقلب تهريب.

17- مقام عالٍ.